L'ELOGE

DE

DOLBEAU

PAR

M. LE D[r] DE SAINT-GERMAIN

Chirurgien de l'Hôpital des Enfants-Malades
Secrétaire-général de la Société de chirurgie

PARIS
A. PARENT, IMPRIMEUR DE LA FACULTÉ DE MÉDECINE
RUE MONSIEUR-LE-PRINCE, 29 ET 31

1880

ÉLOGE DE DOLBEAU

On trouve au pays de Bohême une singulière et naïve croyance : à l'existence de chacun de nous correspondrait un livre dont les feuillets noirs ou blancs représenteraient les jours néfastes ou heureux. Le génie du bien s'efforce d'entremêler ces feuillets afin qu'un bonheur fasse oublier un malheur et qu'un sourire efface une larme ; mais les esprits du mal acharnés à notre perte détruisent son œuvre, et rassemblant sans interruption les pages noires et les pages blanches, nous plongent dans un abîme de maux pour abattre notre courage, ou nous endorment dans une prospérité sans nuages, afin de nous faire mieux sentir les coups d'une adversité sans bornes.

C'est par le bonheur que commença la vie de Dolbeau le 2 avril 1830.

Choyé par des parents qui, sans être riches, avaient

cependant une modeste aisance, il eut une enfance des plus heureuses, fit des études régulières au collège Saint-Louis et, jeune encore, vint frapper sans vocation bien arrêtée à la porte de la Faculté, confiant dans son étoile et dans sa bonne mine. Sur le seuil il trouva Bérard qui, tout puissant alors, formait avec Orfila et Dubois un triumvirat dont les conseils étaient des ordres et les décisions des arrêts. Bérard fut séduit par ce jeune homme qui pensait juste, parlait peu et riait moins. Il étendit sur lui sa main puissante et cette chaude étreinte ne fut dénouée que par la mort. Assuré de la faveur de ses maîtres, soutenu par les sympathies d'amis alors nombreux et servi par des qualités de concours indiscutables, Dolbeau fournit en dix ans une carrière dont la rapidité vertigineuse a été bien rarement égalée.

Nommé 1er externe en 1850, interne en 1851, lauréat des hôpitaux en 1853, aide d'anatomie en 1854, prosecteur en 1857, chirurgien des hôpitaux en 1858, il couronna ces brillants succès par l'aggrégation, en 1860. Il avait à 30 ans conquis tous les grades qui d'ordinaire suffisent à l'ambition des plus difficiles.

Des débuts de Dolbeau dans la carrière datent ses travaux sur l'anatomie normale et sur l'anatomie pathologique, que je vous demanderai la permission de passer en revue.

Sans parler de ses recherches sur les vaisseaux du bassin où il établit que les artères hémorrhoïdales moyennes, au lieu de se distribuer aux parois du rectum, se ramifient dans la prostate chez l'homme et dans le vagin chez la femme, et de ses recherches anatomiques sur les vaisseaux du globe de l'œil, il démontre dans une note sur la structure des organes érectiles de la femme que celle-ci n'a point de renflement vasculaire qu'on puisse assimiler au gland chez l'homme.

Si nous suivons la série de ses travaux sur les mêmes régions, nous le voyons conclure de ses recherches sur l'anatomie chirurgicale du périnée et de la région hypogastrique, qu'on peut ouvrir le col de la vessie au moyen de l'incision médiane et sans intéresser le bulbe de l'urèthre.

A l'occasion d'un rapport sur la torsion congénitale du pénis, Dolbeau établit, d'après plusieurs observations, que le pénis peut présenter une torsion complète sur son axe, que ce vice de forme est congénital, et que cette anomalie n'entraîne aucun trouble fonctionnel notable.

De 1858 à 1860, Dolbeau remplace à l'hôpital Sainte-Eugénie et à l'hôpital de l'Enfant-Jésus les deux chirurgiens titulaires. La tâche était malaisée. Il fallait tenir la place du praticien célèbre qui s'appelait Guersant et de ce maître chéri et vénéré de tous, qui honorait avec tant de conscience le nom illustre de Marjolin son père.

C'est à cette période qu'il faut faire remonter les travaux de Dolbeau, relatifs à la chirurgie infantile.

C'est ainsi qu'à propos de la situation de l'S iliaque chez le nouveau-né, il conclut d'un nombre considérable d'autopsies que la situation de cette partie de l'intestin n'est pas constante à cet âge. Relativement à *l'ossification des os du tarse comme cause de pied bot*, Dolbeau, considérant que cette ossification ne se fait pas simultanément et surtout qu'elle est indéterminée comme époque, émet l'opinion que certains pieds bots pourraient bien avoir pour origine un vice dans ce travail physiologique. Enfin, à propos d'une *variété non décrite de spinabifida*, se basant sur plusieurs observations prises aux Enfants assistés, Dolbeau établit qu'outre le spinabifida classique, consistant dans une fissure du rachis avec intégrité de la peau et des membranes de la moelle, on observe le spina-bifida caractérisé par une double fissure des os et de la peau, les méninges restant intactes et formant une tumeur remplie par du liquide, et le spina-bifida total, solution de continuité très large, symétrique, comprimant la peau, les membranes et les os, au milieu de laquelle est exposée la moelle épinière. *La tumeur lacrymale congénitale* est démontrée sur deux pièces et consiste dans l'imperforation du canal nasal, au niveau de son embouchure. Cette malformation a pour résultat une tumeur lacrymale située au grand angle de l'œil et communiquant avec une autre tumeur existant dans le méat inférieur.

Nommé à l'hôpital du Midi en 1864, Dolbeau est vivement sollicité de rester à ce poste où le succès lui était pour ainsi dire promis. Il refuse cependant et considère ce théâtre comme trop restreint pour ses aptitudes ; il se sent appelé à représenter la grande chirurgie, et servi par les circonstances, il est appelé en 1865 à remplacer Jobert dans l'enseignement officiel de la clinique chirurgicale à l'Hôtel-Dieu de Paris.

L'éloquence, on le sait, n'était pas le côté brillant de Jobert de Lamballe, et quand, à ces leçons pénibles où vers la fin surtout le désordre des idées semblait mettre une triste empreinte, succédèrent des cliniques nettes, claires et précises, le contraste fut saisissant, le succès éclata et prépara pour ainsi dire s'il ne l'assura pas l'entrée de Dolbeau à la Faculté.

Les circonstances avaient du reste, quelque temps auparavant imprimé aux travaux de Dolbeau une direction particulière.

En 1860 notre collègue avait été chargé de suppléer

Civiale dans le service des calculeux à l'hôpital Necker.

Cette année marque une période capitale dans sa vie ; car initié par le maître, en dépit des réticences ombrageuses de son enseignement, aux difficultés de la thérapeutique des voies génito-urinaires, il exécuta bientôt sur cette partie des connaissances chirurgicales une série de travaux.

Pour ne citer que les plus importants, mettons en première ligne son ouvrage sur la pierre dans la vessie.

Dans cet ouvrage où le diagnostic fait l'objet d'un long chapitre, il démontre que les contractions vésicales existent encore quand l'anesthésie est obtenue. La lithotritie y est l'objet d'une étude approfondie, mais il la réserve pour les cas où l'opération peut s'exécuter simplement, sans machines, la *lithotritie à main*, comme disait Heurteloup.

Etudiant la fièvre uréthrale, il classe cet accident dans les phénomènes réflexes. Pour lui, c'est l'irritation due aux manœuvres transmise à la moelle épinière qui réagit sur le rein ; celui-ci cesse de fonctionner, et alors survient l'urémie avec les accidents qui en sont la conséquence.

La taille est longuement étudiée. Les divers procédés comparés entre eux, et l'auteur arrive à conclure que la taille médiane est la meilleure.

La partie capitale du traité est la lithotritie périnéale.

Démontrant que cette idée est fort ancienne, il propose de faire une petite ouverture périnéale, de ponctionner l'urèthre en arrière du bulbe, et sans intéresser cet organe, de dilater la plaie ainsi que le col de la vessie, afin de broyer la pierre et de faire l'extraction des nombreux fragments. On évite ainsi, dit-il, sûrement l'hémorrhagie et une cause fréquente d'infection purulente, à savoir la section des veines périprostatiques ; il résume ainsi la pratique pour le traitement des calculeux.

La pierre une fois constatée, autant que possible lithotritier, mais sans sortir des limites marquées par la prudence et l'expérience clinique.

La lithotritie n'étant pas possible, faire la lithotritie périnéale si toutefois la pierre ne mesure pas plus de 5 à 6 centimètres de diamètre.

Quand la pierre est grosse et dure, faire la taille prérectale, mais faciliter l'extraction en morcelant au préalable le calcul avec la tenette casse-pierre. Quand la pierre est énorme et remplit la vessie, s'abstenir. Cet ouvrage fut récompensé par la Faculté en 1863.

Plus tard, revenant sur ce sujet favori, à la suite d'une critique quelque peu acerbe des gens qui ne voient d'un œil favorable que ce qui vient de l'étranger, il déclare ne pas croire à cet âge d'or des calculeux où on n'y aurait que de petits calculs à broyer dans des vessies normales. Il faudra encore, dit-il, traiter de grosses pierres, et c'est dans ce cas qu'au lieu de la taille qui tue par hémorrhagie et par infection purulente, il propose une méthode qui a l'avantage de faire une plaie toute petite, peu saignante, et d'ouvrir par refoulement des tissus une voie préliminaire qu'on utilise pour le broiement de la pierre et l'extraction de ses divers fragments en une séance.

Faisant ensuite une revue humoristique de la lithotritie périnéale à l'étranger, il s'étonne à bon droit que, malgré la relation de sir John Cormak, faite en 1869, de son procédé, malgré les publications faites par le Dr Boggs dans le *British medical* de deux belles observations recueillies dans son service, Thomson passe absolument sous silence la lithotritie périnéale et son inventeur. En Amérique, Gouley (de New-York) lui rend au contraire amplement justice en déclarant que cette méthode, absolument différente de toutes les autres, a été employée par lui et toujours avec succès.

Les travaux de Dolbeau relatifs aux voies génito-urinaires, travaux inspirés par la fréquentation de Civiale qui n'était plus à compter les chirurgiens qu'il attirait autour de lui et dont il voulait faire des lieutenants dans la crainte de se créer des rivaux, lui avaient donné dans le public une grande notoriété, et quand son maître Nélaton alla voir à Chislehurst l'empereur Napoléon III souffrant d'un calcul vésical, il déclina l'honneur de l'opérer et recommanda pour le suppléer son élève favori Dolbeau.

Celui-ci fut accepté ; il se préparait à partir pour l'Angleterre quand une haute influence lui fit préférer Thompson. On sait quel fut le résultat de ces tentatives de lithotritie ; l'autopsie en démontra depuis toute l'inutilité; et aujourd'hui que la mort et le temps ont apaisé l'ardeur des sympathies et des haines, on se prend à ne point regretter que l'empereur ne soit pas mort de la main d'un Français et que ce soit au contraire l'Angleterre, cette fois encore fatale au nom de Napoléon, qui ait fourni à son malheureux hôte le chirurgien de la dernière heure.

Après une théorie nouvelle de l'hématocèle rétro-utérine et un curieux mémoire sur la grenouillette sanguine, citons plus spécialement ses mémoires sur les tumeurs cartilagineuses dont il sut expliquer le mode de développement par un procédé, dont l'Allemagne s'est depuis approprié la découverte, son travail remarquable sur l'empyème et son mémoire sur l'épispadias qui fut l'objet d'une récompense à l'Académie de médecine et à l'Institut.

Représentant des anciennes traditions chirurgicales comme Denonvilliers son maître et son ami, sans repousser les progrès de la science moderne, il ne les acceptait qu'après le contrôle d'une longue expérience. Professant pour Nélaton et Denonvilliers le culte que les élèves de Dupuytren avaient voué à cette grande figure chirurgicale, on peut dire que nul n'a mieux que Dolbeau aimé ses maîtres, que nul mieux que lui n'a fait valoir leurs travaux et recommandé leurs noms à l'admiration de ses contemporains.

C'est ainsi qu'en 1875, dans un remarquable mémoire publié dans le *Bulletin de thérapeutique*, Dolbeau après avoir rendu justice aux tentatives faites par Pouteau et Dupouy pour substituer les procédés de douceur aux procédés de force dans la réduction des luxations de la cuisse, cite un groupe d'observations à lui personnelles et conclut que toutes les luxations récentes de la cuisse, quelle qu'en soit d'ailleurs la variété, peuvent se réduire aisément par le procédé de Després ; que le procédé de Després qui appartient à la méthode de douceur procure des succès même dans les cas où la méthode de force peut échouer ; que la flexion de la cuisse combinée à la rotation du membre permet de dégager la tête de tous les obstacles qui pourraient la retenir, et en même temps de lui faire parcourir les différents points de la circonférence du cotyle jusqu'à ce qu'elle soit en rapport avec la déchirure capsulaire, seule porte par laquelle elle puisse rentrer.

Dolbeau ajoute que dans tout cela il n'a rien inventé, mais qu'il a cherché à attirer à l'aide de faits bien observés l'attention sur une méthode simple, à la portée de tous, et dont la valeur a doublé depuis l'emploi du chloroforme. Il espère avoir ainsi rendu hommage à la mémoire d'un de ses maîtres.

Sans parler des nombreuses communications qu'il fit à la Société de chirurgie ainsi qu'au Bulletin de thérapeutique, citons comme derniers travaux de sa vie, le traitement des ulcères par l'incision circonférentielle et sa description de phlegmasie angioleucitique du membre supérieur, contenue dans la thèse de son élève Chevalet.

Dolbeau fut nommé professeur de la Faculté en 1868. On se souviendra longtemps de cette élection où les amis de Dolbeau remportèrent la victoire de haute lutte, où des professeurs se traînèrent mourants à la Faculté pour y porter leur vote, désireux de donner à Dolbeau cette dernière preuve d'amitié et jaloux surtout de tenir le serment que Bérard leur avait fait prêter à son lit de mort.

Dolbeau débuta par un grand succès près des élèves. C'était un beau professeur. D'une taille au-dessus de la moyenne, Dolbeau fixait le regard, et il était impossible à qui l'avait vu seulement une fois de l'oublier.

Certes, aux derniers jours de sa carrière, dans cette figure au teint plombé, aux traits fatigués, on eût eu grand'peine à retrouver le Dolbeau vaillant et superbe de 1858. Je le vis pour la première fois à cette époque et je fus frappé par sa physionomie; il me sembla que j'avais devant moi quelqu'un et ses traits me sont encore gravés dans la mémoire.

Je vois encore ce front large et légèrement fuyant bien encadré par de longs cheveux bruns, ces longues paupières tombant sur de grands yeux noirs, ce nez hardiment busqué, ce menton saillant des gens tenaces, et surtout cette bouche aux dents blanches et bien rangées, aux lèvres fines, qui par une mobilité singulière exprimait tour à tour la bienveillance, la réserve ou le sarcasme. Sa tenue était toujours correcte, il était de ces rares privilégiés qui savent porter l'habit; il le savait sans doute, car il le portait toujours.

Essentiellement autoritaire, il aimait alors à s'entourer d'un groupe nombreux d'élèves qu'il se plaisait à protéger, mais à la condition d'exercer sur eux un empire absolu. Il ne souffrait point la discussion, l'opposition encore moins, et l'on ne pouvait rester l'ami de Dolbeau qu'à la condition d'être son homme lige.

Aussi l'astre vit-il graviter autour de lui de nombreux satellites tant que ceux-ci eurent besoin de la chaleur et de la lumière qu'il leur dispensait largement; mais le despotisme donne la soif de l'indépendance, et ses élèves, ses amis même secouèrent les uns après les autres un joug qui leur pesait et que rendait encore plus tyrannique l'esprit ombrageux de notre collègue.

Il appartenait à ce genre de professeurs que l'on pourrait appeler des vulgarisateurs. Il voyait et disait juste. Loin de viser à l'élévation des cours dits de Faculté où le beau idéal consisterait à creuser chaque année un très petit sillon, à en faire une minutieuse étude, et à satisfaire ainsi un groupe restreint d'auditeurs d'élite, de délicats de la science, il élargissait son programme, faisait passer devant les élèves un grand nombre de matières, voulait que son enseignement facilement accessible fût compris par tout le monde; et je suis sûr que plus d'une fois dans sa chaise magistrale, Dolbeau dut regretter le temps où professeur libre de l'Ecole pratique il faisait devant une masse d'élèves avides d'apprendre, dans des leçons substantielles, serrées et lucides, ce qu'ils ne pouvaient ou ne voulaient point lire dans leurs livres, un cours complet de pathologie externe en quatre ou cinq mois. La dominante de ses facultés enseignantes était la lucidité. Point ou peu d'historique et d'érudition; peu d'anatomie pathologique;

beaucoup de diagnostic et surtout beaucoup de thérapeutique : tel était son programme. Ce modus faciendi blâmé par les uns, approuvé par les autres en ce qui touche les cours officiels de la Faculté, lui avait valu près des élèves un très grand succès, et il pouvait à bon droit se considérer comme un des professeurs les plus suivis.

Examinateur consciencieux, il interrogeait les élèves avec précision ; ses questions étaient claires et bien posées. Loin de chercher à intimider, il tenait à savoir si l'on savait réellement ; il avait horreur de la phrase et voulait qu'on lui répondît comme il interrogeait : nettement et franchement. S'il se trouvait en présence d'un ignorant, il le refusait sans miséricorde. Il est permis d'être indulgent, disait-il souvent, pour un examen de théorie pure ; mais pour un examen de médecine, c'est autre chose. Recevoir à la légère un médecin ignorant, c'est signer l'arrêt de mort d'une foule d'innocents qu'on l'autoriserait à soigner.

La personnalité de Dolbeau dans son service à l'hôpital avait également son originalité.

D'une exactitude scrupuleuse, il exigeait des élèves de son service la plus grande ponctualité. A la manière de Velpeau, il faisait chaque matin l'appel nominal de ses internes et de ses externes, voire même des bénévoles et des stagiaires et rayait de la liste les gens irréguliers ou inexacts. Difficile pour les excuses qu'on lui apportait au sujet d'une absence, il était surtout impitoyable pour les petits mensonges familiers aux élèves qui cherchent à se disculper, et si l'on pouvait encore compter sur son indulgence en invoquant un de ces motifs frivoles que la jeunesse légitime, on était sûr de se voir repousser avec perte si l'on venait à prétexter pour excuser une absence, une affaire de famille ou une indisposition.

Le respect de la douleur physique était chez lui poussé à l'extrême; d'une douceur exemplaire dans l'examen de ses malades, dans l'application de ses appareils et dans les pansements, il exigeait les mêmes soins de ses élèves, et leur faisait sentir durement, brutalement peut-être, quand leur main manquait de légèreté, que le plus sûr moyen pour arriver à un bon diagnostic est de procéder avec une extrême douceur et que la première qualité d'un appareil ou d'un pansement est d'être supporté sans peine. Aussi affectionnait-il les bons panseurs, comme il les appelait, et plus d'un interne dut pendant toute une année sa disgrâce à la façon dont il avait, le 1er janvier, devant son chef, examiné une fracture ou défait un pansement. D'un soin méticuleux pour ses opérations, il donnait à l'avance la liste exacte des instruments qui lui seraient nécessaires, se les faisait envoyer en double afin de répéter à l'avance sur le cadavre, et ne commencait l'opération qu'après avoir passé une revue minutieuse des instruments, et assigné à chacun de ses aides son poste de combat.

Très résolu, très osé en apparence, Dolbeau se préoccupait longtemps à l'avance d'une opération qu'il jugeait devoir être épineuse; il en causait avec ses intimes, discutait avec eux les incidents fâcheux qui pourraient se présenter, et chose curieuse, il avait besoin d'une sorte d'encouragement, d'entraînement communiqué par eux; bien plus, pour qui le connaissait à fond, cette préoccupation, cette inquiétude se manifestaient souvent dans l'exécution même de l'opération qu'il pratiquait. En apparence froid et impassible, il fixait de temps à autre l'aide préféré qui avait sa confiance, et il avait besoin pour continuer avec toute sa liberté d'esprit de cette approbation tacite, de cet encouragement muet qu'il lisait dans ses yeux. Enfin, détail bizarre chez un chirurgien, il avait horreur du sang.

Chirurgien très élégant, il eût volontiers opéré comme écrivait Buffon. On l'a vu à la suite d'une opération revenir à plusieurs reprises sur l'ennui que lui causait une tache sur une de ses manchettes, et faire changer dans le cours d'une amputation du sein cinq ou six fois les alèzes afin de pouvoir, disait-il, voir clair à ce qu'il faisait. On ne trouvait pas en lui le type de ces chirurgiens d'attaque qui au milieu du sang qui les aveugle poursuivent néanmoins leur but, et possèdent pour ainsi dire un œil au bout du doigt.

Dolbeau opérait et voulait opérer comme il disait, comme il écrivait : c'est-à-dire clairement. Cette horreur instinctive du sang ne fut pas sans influence sur la nature des travaux de notre collègue, et l'on peut voir par quelques-unes des innovations qu'il introduisit dans la science, et entre autres choses par la lithotritie périnéale, qu'il eût désiré pratiquer les opérations les plus compliquées sans effusion de sang. La rupture ou la lésion des gros vaisseaux au cours d'une opération le préoccupait par-dessus tout, et on l'a vu maintes fois à l'amphithéâtre de Beaujon s'exercer à arracher, à énucléer des ganglions axillaires sans léser les vaisseaux de la région.

On a accusé notre collègue d'amour exagéré de l'argent. On peut affirmer que cette allégation n'eut jamais rien de fondé. Un nombre considérable d'opérés de Dolbeau pourraient protester contre elle, et, à notre époque surtout où on a reproché à quelques-uns d'ériger en industrie l'art de guérir, on peut dire que Dolbeau apporta toute sa vie dans la pratique de son art la plus grande réserve et la plus grande dignité.

Dolbeau avait pour principe de ne jamais recevoir d'argent des artistes et des ministres d'un culte quelconque, soit catholique, soit protestant, soit israélite. Cette règle de conduite fut même un jour la cause d'un débat assez original. Dolbeau avait opéré à la maison de santé de Saint-Jean-de-Dieu un grand vicaire dont la fortune était considérable. Le malade une fois guéri voulut honorer Dolbeau ; sa position, disait-il, ne lui permettait pas de recevoir d'aumône. Il faut pourtant bien que vous l'acceptiez, Monsieur, répartit notre collègue, car j'ai pour principe de ne jamais recevoir d'argent des prêtres, et si j'en acceptais de vous, ce serait humilier ce pauvre curé de campagne, votre voisin de chambre, qui n'a pas un sou vaillant, et compte bien ne me rien offrir.

Dolbeau avait surtout en horreur profonde ces transactions louches, ces compromis douteux entre médecins et chirurgiens qui auraient pris, dit-on, depuis quelque temps une certaine extension, et à la faveur desquels, si l'on en croit la rumeur publique, certaines fortunes se seraient élevées au détriment de la considération, ce précieux apanage que notre compagnie a choisi pour devise, *E probitate decus*. Il s'élevait hautement contre de pareilles pratiques qui déshonorent, disait-il, le corps médical, et, la violence de son caractère aidant, se donnait parfois le plaisir d'exécuter un des membres de ces associations occultes. C'était un soir de concours à l'Hôtel-Dieu; Dolbeau sortant vers six heures fut arrêté au passage sur les marches de l'hôpital par un homme que sa cravate blanche et son costume sévère désignaient comme un praticien de la ville. Nous nous tenions à distance, et nous pouvions diagnostiquer à l'air aimable de notre collègue et aux signes d'adhésion qu'il donnait, qu'il s'agissait d'une opération proposée et acceptée ; quand tout à coup la scène changea ! Dolbeau se redressa furibond, le sourcil froncé : Tenez, Messieurs, nous cria-t-il en nous appelant du geste, regardez bien cet homme ; c'est encore un de ces rabatteurs qui spéculent sur la bourse des malades et sur l'honneur des chirurgiens. Vous vous êtes trompé, Monsieur, ajouta-t-il en s'adressant au confrère confondu je ne suis pas des vôtres ; et il lui tourna le dos.

Dolbeau est arrivé à son apogée. Il ne lui reste plus rien à envier, si ce n'est peut-être l'Académie où il n'entrera qu'en 1872 avec 2 voix seulement de majorité sur Voillemier, et voici que déjà son étoile va pâlir et qu'une série de malheurs va battre sa fortune en brèche.

Un jour Dolbeau s'aperçut que les forces lui manquaient : il était surmené, se fatiguait avec une extrême facilité, et se trouvait dans des conditions mauvaises ou toute affection devient grave. Une pleurésie compliquée de gangrène pulmonaire se manifesta. J'ai sous les yeux la relation remarquable qu'a faite de cette longue et douloureuse maladie notre excellent collègue et ami le Dr Millard, et je ne sais ce que l'on doit le plus admirer de la force d'âme et du courage qu'a montrés, à plusieurs reprises durant cette épreuve, notre malheureux collègue, ou de l'habileté et du dévouement de ses médecins. Dès le début il se sent fortement touché, se confie aux soins de Millard et de Béhier, accepte sans discussion leurs arrêts et se soumet sans hésiter à une première ponction. Cette ponction est sans effet. L'aiguille rencontre le tissu pulmonaire. Dolbeau se met à tousser, rejette presque aussitôt un crachat aéré et sanguinolent : Voilà le résultat de l'aspirateur, dit-il froidement et sans amertume.

Plus tard quand Nélaton pratiqua une ponction à l'aide

d'un gros trocard, il n'entra pas du premier coup dans le foyer, et Dolbeau sentit qu'il fallait comme un second effort pour faire pénétrer l'instrument; quand cet obstacle fut vaincu, Maître, s'écria-t-il, vous êtes dans la cavité.

Cet admirable sang-froid se manifesta d'une manière plus étonnante encore quand Nélaton jugeant l'opération de l'empyémie indispensable la pratiqua le mercredi 4 mai. Cette opération faite *in extremis* eut quelque chose de solennel et de touchant. Courage, mon ami, dit le vieux maître à notre collègue ; mon bistouri a été quelquefois heureux dans des circonstances graves et je compte bien qu'il ne me trahira pas quand il s'agit de sauver mon élève préféré. Et l'opération commença. Contre l'attente de Nélaton le sang jaillit en abondance. C'est la mammaire externe, murmura Dolbeau. Une pince et du fil!

Après avoir débridé en dehors (c'est Millard qui parle) l'opérateur s'arrêta, et pria Denonvilliers d'introduire à son tour le doigt dans la plaie. Tous deux sentirent le cœur battre sous leur index, de sorte que si Nélaton n'avait pas pris la sage précaution d'explorer les abords de l'orifice avant de débrider en dehors comme en dedans, il aurait pu blesser mortellement l'ami qu'il tenait tant à sauver.

On connaît la suite de cette intervention miraculeuse. Dolbeau entrait peu de jours après en convalescence et pouvait être transporté à la campagne.

Au mois de septembre 1870, Dolbeau quoique encore très affaibli ne voulut pas quitter la capitale investie ; il supporta les privations du siège, put reprendre le 1er décembre une partie de son service hospitalier et le 1er février 1871 toutes ses occupations.

Cette opération dont les résultats immédiats furent si

remarquables ne put cependant conjurer les conséquences désastreuses que la maladie devait déterminer par la suite.

A partir de ce moment, en effet, les forces de Dolbeau diminuent et son embonpoint augmente ; son appétit excessif devient de la boulimie; l'exercice lui est extrêmement pénible; il essaye en vain comme ses amis le lui conseillent d'aller à pied de la rue du Louvre à Beaujon ; il fait une fois ce trajet ; mais il arrive épuisé, ne peut faire son service et ne veut plus recommencer. En même temps son caractère s'aigrit, sa vivacité devient de la colère, *Ira furor brevis*, a dit le sage. Cette appréciation n'a rien d'exagéré pour qui se souvient des accès auxquels se livrait Dolbeau pour des causes insignifiantes, fureur aveugle que rien ne pouvait maîtriser, qui ne reculait devant rien, à laquelle on ne pouvait opposer aucune digue et dont notre malheureux collègue se sentait la première victime. Une fois de sang-froid il se jurait de ne plus se laisser aller à la colère, et peu d'instants après il s'irritait de plus belle.

C'est à cette irascibilité incurable qu'il faut attribuer la malheureuse aventure de l'hôpital Beaujon.

La Commune avait vécu. Les troupes régulières occupaient Paris et les fédérés traqués de toutes parts tentaient une fuite rendue bien difficile par la minutieuse surveillance dont ils étaient l'objet, ou cherchaient dans une maison amie un refuge qui leur était souvent fermé soit par crainte d'être compromis, soit par haine du passé. Le Parisien délivré ne savait comment faire expier aux fédérés la peur que pendant de longs jours ils lui avaient faite.

Pour plus d'un en ce moment critique les hôpitaux représentèrent ces lieux de refuge d'un autre âge où les criminels s'élançaient en criant asile, et où nourris par les moines qui n'étaient pas fâchés de jouer ce tour à l'autorité, ils bravaient pendant longtemps la hache ou la corde qui les attendait. Un vengeur de Flourens, un espion de Versailles peut-être, se cachait de la sorte dans le service de Dolbeau. Entré pendant la Commune, et jouissant pendant le règne de celle-ci d'une liberté étrange, il s'aperçut dès le triomphe des troupes de Versailles que sa présence ne serait pas longtemps supportée ; il prit les devants et disparut, non pas de l'hôpital, où il trouva moyen de se cacher, mais du service de Dolbeau dont les idées autoritaires renforcées par le succès de l'ordre ne pouvaient plus longtemps se plier à une tolérance qu'il considérait comme coupable. Il fallait cependant que la pancarte fût signée ; on tenta de le faire, et on présenta à notre collègue une feuille sur laquelle le vengeur de Flourens s'était tout d'un coup transformé en chasseur à pied. Dolbeau s'aperçoit du stratagème et demande des explications. On hésite, on balbutie et au lieu de lui avouer franchement le but que l'on poursuivait, à savoir l'élargissement d'un soldat de la Commune, on cherche maladroitement à lui faire perdre sa piste en rejetant successivement sur chacune des autorités de l'hôpital la responsabilité du subterfuge. La colère de Dolbeau sourde d'abord éclate bientôt ; il veut qu'on lui amène le malade, il le cherche lui-même, et rendu plus furieux encore par l'insuccès de ses recherches, il pénètre dans le cabinet du directeur et demande avec emportement si l'on entend se moquer de lui. Le lieutenant du poste accourt, demande des explications, dirige lui-même les recherches et finit par trouver son homme qu'il dirige sous bonne escorte vers la plus prochaine mairie ! Triste victoire que Dolbeau regretta plus d'une fois ! Funeste accès de colère, puisqu'il put faire oublier un moment à notre collègue que pour nous un malade de l'hôpital doit être un hôte et que la personne d'un hôte est sacrée.

Le fait fut aussitôt colporté, travesti, altéré ; et bientôt on représenta partout Dolbeau comme un délateur, comme un pourvoyeur des conseils de guerre. Disons en passant que le héros de cette triste affaire, loin d'être fusillé avait eu la chance de rencontrer en sortant de Beaujon le général Vinoy dont il avait été jadis l'ordonnance et qui l'avait fait élargir sur-le-champ.

Quoi qu'il en soit, un immense tolle s'éleva contre Dolbeau. La jeunesse des écoles aussi généreuse dans ses aspirations qu'aveugle dans ses amitiés et dans ses haines voulut faire expier au professeur le fatal mouvement de colère du chirugien. On l'empêcha de faire son cours. Certes, j'ai vu à la Faculté bien des séances houleuses, mais je ne pense pas qu'il soit possible de rien imaginer de pareil au tumulte qui se produisit ce jour-là ; et là encore, je dois le dire, Dolbeau fit preuve de ce sang-froid imperturbable qui était plutôt chez lui l'effet de la volonté qu'une qualité naturelle. Il avait décidé qu'il ne céderait pas devant l'orage, et il ne céda pas.

Je le vois encore pâle mais impassible, muet devant le torrent d'injures dont on l'accablait, refusant avec une certaine hauteur les secours que lui proposaient ses collègues et faisant tête à cette horrible tempête durant une grande heure. Ce courage passif, cette inertie stoïque me frappèrent au plus haut point ; j'admirai la puissance que l'homme dans ces circonstances peut exercer sur lui-même et la résistance qu'il est en mesure d'opposer à cette force terrible que l'on appelle la foule. La cabale organisée contre Dolbeau dura quelque temps, et l'on s'en émut en haut lieu ; les ordres furent donnés et des mesures de répression furent prises. On ne fit entrer qu'un certain nombre d'étudiants munis de carte et il se produisit bientôt ce phénomène qui est constant. Dès qu'on s'aperçut qu'il était difficile d'aller au cours de Dolbeau, tout le monde voulut y entrer. La paix fut faite et le calme se rétablit.

Nous voici arrivé à la dernière période de la vie de Dolbeau.

La terrible maladie qui a failli l'emporter, les souffrances morales que lui a causées la désaffection des élèves ont aigri son caractère et empoisonné sa vie.

Il vit de plus en plus seul ; ses anciens amis lui portent ombrage, il voit partout des rivaux, des ennemis ; se confiant à peine à un petit nombre de fidèles, il ne se livre plus. Une occupation lui est chère cependant; il a rêvé de satisfaire dans l'hôtel qu'il se fait construire aux idées de luxe et de bien-être qu'il a toujours nourries.

Dans son horreur pour tout ce qui est banal, il se plaît à orner cette demeure de modèles uniques, de tapisseries dont on a brisé les métiers, heureux de pouvoir posséder à lui seul des chefs-d'œuvre inédits ; il contemple avec orgueil les chevaux de luxe qui habitent ses écuries; mais bientôt il puise dans ces jouissances mêmes une nouvelle source d'inquiétude et de chagrin. Dolbeau, grâce à sa fortune acquise a fait face aux dépenses considérables de son installation fastueuse ; mais ce n'est pas tout : il rêve de laisser sa famille riche. Il veut gagner beaucoup d'argent ; mais pour cela il faut se fatiguer beaucoup et Dolbeau ne sent plus comme jadis ses forces obéir à sa volonté de fer. Elles le trahissent à chaque instant.

Il refuse pourtant toute consolation et ses amis les plus chers qui l'ont entendu plusieurs fois s'écrier lorsqu'il se croyait seul, en se frappant le front : Dieu, que je suis malheureux! sont cependant réduits au silence par la volonté absolue de Dolbeau de cacher son mal et de souffrir seul.

Il ne veut même pas qu'on l'interroge sur sa santé. Il continue avec un courage héroïque son cours à la Faculté, son service à l'hôpital, ses opérations en ville, et partout il arrive à donner le change et à dissimuler ses souffrances.

Sa consultation seule dans son cabinet avait éclairé quelques clients ou quelques amis sur l'étendue et la gravité de son mal. On le voyait écouter d'abord avec attention ; puis bientôt son regard devenait vague ; ses yeux se fermaient à demi et il tombait dans un état de somnolence intermédiaire entre le sommeil et la veille qui lui permettait de suivre ce qu'on lui disait, mais lui interdisait de prendre part à l'entretien.

Cet état maladif devait avoir une fin. Un jour, en donnant une consultation, il eut une syncope presque complète.

Il se rendit néanmoins à la Faculté où il fit passer des examens. De là, il se retira dans le vestiaire, souffrant, disait-il, de la tête, et s'assit complètement absorbé. Il resta seul dans cette salle, et ce ne fut que vers six heures qu'il fut transporté chez lui dans un état de dépression extrême. Bientôt il perdit connaissance, une hémiplégie se manifesta et le lendemain Dolbeau mourait sans avoir recouvré l'intelligence. Il avait alors 47 ans, et le 10 mars 1877 vit s'éteindre cette vie si favorisée du sort à ses débuts, si tristement éprouvée à la fin.

J'ai terminé, Messieurs. Au moment de tracer le dernier mot de cet éloge, je me sens pris d'une certaine crainte, et je me demande avec inquiétude si j'ai rempli la mission qui m'était confiée, et si je n'ai pas trop accentué les ombres du portrait de Dolbeau. Certes la louange n'a pas été ma seule préoccupation, Dolbeau ne l'eût pas voulu. J'ai cherché à retracer la vie et le caractère de notre collègue avec ses qualités et ses imperfections ; et j'espère qu'en relisant ces lignes écrites sans passion, sans parti pris, on reconnaîtra que Dolbeau fut un chirurgien ; bien plus, chose assez rare à notre époque où les caractères tendent à s'effacer, où les vertus comme les vices semblent taillés sur un modèle uniforme, Dolbeau fut une figure, et suivant l'heureuse expression d'un de ses disciples les plus aimés et les plus fidèles : *ce fut un homme.*

Paris. — Typ. A. PARENT, rue Monsieur-le-Prince, 29-31.

www.ingramcontent.com/pod-product-compliance
Lightning Source LLC
LaVergne TN
LVHW010300230826
846091LV00007B/3066
* 9 7 8 2 3 2 9 5 2 3 6 6 8 *